CONFESIONES DE LA MATRIZ

CONFESIONES DE LA MATRIZ

ELENA GUICHOT

Valparaíso
EDICIONES

Número 484 de la Colección VALPARAÍSO DE POESÍA
dirigida por FEDERICO DÍAZ-GRANADOS

Diseño de la colección: Chari Nogales
Imagen de portada: fotografía de Minuka García

Primera edición: febrero de 2025

© De los poemas: Elena Guichot

© Valparaíso Ediciones
C/ Fray Leopoldo, 7 bajo, 18014 Granada
www.valparaisoediciones.es

ISBN: 979-13-87538-20-0
Depósito Legal: GR 143-2025

Impreso en España - *Printed in Spain*
Gráficas Gami

El papel utilizado para la impresión de este libro está calificado como papel ecológico y procede de bosques gestionados de manera sostenible

CONFESIONES DE LA MATRIZ

A mis Marías

Me deshilvano, como si me estuviera descosiendo,
para entretejerme con la debilidad del mundo
RACHEL CUSK

EN CINTA

GRAVIDEZ

Alicia avanza por la cicatriz del pie,
ase el pulgar, da el salto a los dedos.
Sube por las uñas, resbala,
explora gemelos blandos, vello espontáneo,
superficies escabrosas, huellas de caída.
Un espacio blanco infinito la seduce.
Y ahora.

Evita el hueco, hecho carne, que inunda su vientre,
ignora el bulto para bucear en
aquello que ya conoce.

Una voz desespera:
"escucha Alicia,
oye el latido, la montaña que tiembla,
el mar que acoge mi interior".

La exploradora sigue amena en la selva de pelos.
Confía en terreno firme.

Una mano la precipita por la cuenca de los ojos.
Cegada descubre
desasosiego de
no buscar no
explorar no encontrar
más allá de sí misma.

Desciende
boca
pecho
ombligo.
Reposa
por un instante
en un suspiro.

Ese
corazón
otro,
devora su alma.
Se entrega a la espera…
en el centro
de la isla en peso.

SWEET HOME

Mi casa a veces se olvida.
Entra en bucle, desafía mi moral.
Mi casa.

No la cuido, no la ordeno,
no está lo suficientemente
limpia,
divertida, interesante,
chic, pop...PUM

Mi casa.
No... pero yo.
Ahora.

Mi casa
no quiero escuchar
afuera, me perturba
dentro,
la oscuridad
¿por qué no hay
verde?
plantas que encerrar para que pueda
ver.

Fregar conciencias, barrer sentimientos,
poner lavadoras de sucios juicios,
enmarcar palabras, sonrisas a juego,
tender cristales,

¿para qué?

Mi casa.
Tu casa.
Tú,
mi inquilino.

¿Eres feliz?
Desordenada, ilógica,
despistada, artificial,
hongos en los pies, vagina delicada,
corazón alterado, lágrima fácil.

Tú, mi inquilino,
¿aquí?
Y tú sabrás
no siempre puedo relajarme,
no siempre segura y tranquila,
no siempre al cuidado
de mí.

Debería estar ahí,
debería.
Simplemente.
Pero tengo que
trabajar, ordenar, limpiar, comprar.

Escuchar a otras
que lo hicieron
todo
bien.

Dicen que estás a gusto ahí dentro,
tu paraíso perdido
será.

Dicen.

A veces quisiera acompañarte y nadar.

Nada más que.

Nadar.

PREÑADA

Sí puedo.
Volver con la memoria al principio, cuerpo
fluido, viscoso, latente.

Náufragos y monstruos emergen de mi tripa.
Sostener una certeza
desposeída.
Ya no la explosión que precede a la ruptura,
sino la escisión del ser.
Estar que resuena en cada período,
ese recuerdo de la esencia
estorba.

Pero la sangre no corre,
se convierte en
otra cosa
que no pide permiso.
Irrumpe como catarata
dejándome expuesta.
Desnuda, frágil.

¿Y ahora qué?
Nadie.
Nadie.
Nadie entra ahí.

La soledad,
distinta,

escuece a ratos,
y sana

a dolor.

LA EXPLOSIÓN

NANA

Na.
Nada,
no parámetros,
no explicación.
Nunca
yo ya como antes.

Hay, pero.
No palabras
blanco
vacío.
Oh, Medusa
miedo
credo mierda pena.

Soltar, respirar.
Mirarte.
Saber que tú también eres esto,
partida…

Saber que eres
ojos, vientre, pecho,
besos de mariposa, abrazos de árbol.
Nana en
todo.

A VECES, MADRE

Madre, a veces es la voz cansada, la voz a ti debida, la voz que
no encuentra
papel
para mojar palabras.
Madre, también es la voz que se avergüenza, tullida, armada
de culpa
y sin.
Es despedidas, relatos ajenos.

Madre, a veces es luz, es yo en mí, en ti, es brillo y miradas
sin miedo,
es
aterrizo sí o sí de entrañas pa' dentro,
mascullando tus encantos
uno
por
uno.

A veces, madre, a veces
duele inmensamente.
Esto que llevo a rastras.
Un corazón
que se sale,
una rutina
que cansa.

Todo espanta, todo vuelve, todo canta.

A veces, madre.
Siempre.

PUERPERIO

Que el suelo pélvico se amortigua, dicen,
que no la luz.
Que se cuelga la tripa, dicen,
que no el deseo.
Que los pechos se caen, dicen,
que no el horizonte.
Que la firmeza se pierde,
dicen

y no nuestros derechos.

LA FUSIÓN

SEGUNDA PIEL

Piojos, lombrices, ojeras, varices,
estrías, heridas, también cicatrices.
¿Dónde está el paréntesis de esta comunión?
¿Dónde está mi piel?

¿Dónde quedo yo?

VILLANCICO

Dime niño, ¿de quién eres
todo nuevo, todo claro?
Dime niño, ¿de quién eres
y qué vienes a buscar?

Soy amor en tus espaldas.
Soy del grito y la verdad.
Soy el hombre que te abraza.
Soy la tumba de este mal.

Dime niño, ¿de quién eres
seduciendo a mi pasado?
Dime niño, ¿de quién eres
tan ufano y de cristal?

Vengo de un rastro de luna,
vengo del lodo y la sal.
Resueno en tu pecho volcanes
que arrastro al fondo del mar.

RAYOS Y TRUENOS

Mamá, ¿duelen los rayos de luz?
¿Hacen cosquillas?

Mamá, no me gusta mi sombra,
apaga la luz de la vida.

Mamá, ¿puedo tocar el rayo?
¿Puedo llevarlo conmigo?

Mamá sufre, alma mía.
Mamá no encuentra el sentido
a esta vida que te toca,
a este mundo al que has venido.

TELESTESIA

Tú quiebras a tenor de
mis explosiones.
Sulfuras ante
mis evasivas.
Me enfrentas
a mí,
como

nunca
antes

nadie.

CERO

Confieso:
mi angustia rebasa tu ser, tiembla
la duda
¿soy yo?
¿eres tú?
¿es él?
¿Quién ha creado esta tríada infernal?

¿Cómo volver al 3,2,1?

EL DESPERTAR

BISABUELA

¿Me oyes, María?
Qué frío entra a veces,
cuando más calor hace fuera.
Qué frío imaginar tu desamparo
tus dieciséis años
tus diez hijos-uno-tras-otro,
para ti,
porque él,
ya se sabe…

Yo solo dos y a veces,
quisiera andar y andar y andar
al pasado
y quedarme sentada en la playa mirando al mar,
o tumbarme en la arena caliente boca abajo
y cerrar los ojos.

Tengo miedos,
cargo dudas
que se alían con la culpa
con la rabia heredada
y ese escalofrío tan
azul.

Imagino tus día-tras-día
uno-tras-otro
y esa angustia que te despoja de ti misma cuando sufren.
Porque sufren,

eso tabú
-pero sufren-
y la historia tan bellamente narrada,
y el cuento tan repetido y tan rosa y tu papel
siempre bien.

Y ese bebé nenuco,
y los nombres,
y las malditas expectativas
y los hermosos castillos de naipes.

Y tú ni siquiera lo elegiste, María.
Con dieciséis años una mata a padre y madre para
ver
qué queda de mí,
qué hay bajo ese árbol enorme.
Qué voz cuando no la orquestan
ellos…

Y tú,
madre y esposa.
¿Y eso qué es?
Porque yo me pregunto qué mierda,
¿qué tan mal hicimos para que nos dejaran todo a nosotras?
Y hablo del sustento del alma,
hablo
del acompañamiento al ser.
El pensar...

¿Y cómo quiero que sea libre si yo no lo soy?
Si yo bebo frases heredadas, actitudes impostadas,

si aún creo que lo normal es desaparecer, no molestar, no ser
el centro. No ser.

Y aquí estoy.
Tratando de que sea el centro sin serlo,
queriéndolo sin aplastarlo,
odiándolo sin demostrarlo...

Pero él lo ve todo, María,
¿no te pasaba a ti?
Pienso.
Y cómo hacía una para sellar
lo más sagrado.

Cómo me gustaría hablar contigo,
sentarnos, preguntarte.
Me da que tu lenguaje sería más puro, quizás,
que el agua sería más clara, quizás.
Que la ausencia sería otra...
que la respuesta era otra.

Y tu hija ya sabía dónde estaba
su centro, su camino, sus límites,
sus fantasmas, sus imágenes, sus objetos.

Abuela andaba por las noches
a oscuras
hasta que el silencio se hacía en casa.
Su hogar lleno de espíritus
que comían, se aseaban.
también opinaban.

Quizás necesite más espíritus aquí,
más de ti, de ella,
o de otras que ya lo hicieron,
que transitaron la solitaria profesión.

HIJA

Tengo que

Cuidar de otros
Ser mamá
Buena
Siempre
Tener la cocina limpia
La conciencia limpia
La vagina limpia

Tengo que

Ofrecer
Me
A los demás
Sonreír
Saludar
Contentar
No estorbar
Ni perturbar

Tengo que

El corazón callado
Los labios cerrados
El pelo estirado
La ropa combinada
La barriga apretada

Tengo que

Lista
No tanto
Tonta
A ratos
Nunca tan
¿Segura?

Tengo que

A decir verdad
No, eso no
O sí, si lo dice
Él
O ella, si manda más que
Él

Tengo que

Dinero, aunque sea justo para
Seguridad, aunque no dé tanto
Poder, disimulado porque

Tengo que

Ser mejor
O mejor
No estar
A veces sí pero

Casi siempre

No

MADRE

Madre mía que estás en los cielos,
suelta mis ganas de ascensión,
de ser la niña que se confiesa ante extraños.
No me hostigues con sus ofensas,
borra el perdón si el alma se daña,
devuélveme los límites de mi cuerpo.
Ten piedad.

Madre mía que estás en la casa,
gracias de llena que eres,
tu vientre bendito es,
sea como esté.
Libérame de esta losa de culpas,
provócame para ser auténtica,
y acompáñame a vivir en paz.
Amén.

ROSARIO

Pájaros en la cabeza,
unas piedras derramadas.
Ya sin ganas de cerveza,
con las plumas enroscadas.

El consuelo de la risa,
una invitación alada,
una mano nunca vista
que aplaude mi vena rara.

Un empuje de otro tiempo,
la guerra al fin conciliada.
Terrible, ufano momento
para mostrar mi zancada.

Vence lo mullido al frío,
el corazón templa el mármol,
se acaba el secreto ungido.

La rosa sostiene al árbol.

NOSOTROS

APEGO

Ánima congelada,
hueco que araña el vacío,
que tomó duro material para
conformarse
y entender que no pudo.

Que no supo.

Que no fue.

Hoy vengo yo para darme,
para achuchar tus dedos gorditos,
ofrecer
leche, pecho, vientre
calor, colchón, hogar.

Entregar
un útero en el que descansar.

VIAJE

Las manos frías bajo la mesa camilla
(respetar el azar)

El punto en boca en su cuarto oscuro
(asumir el abismo)

El descaro en su florecer
(besar el misterio)

La dulzura de su mano en mi frente
(aligerar el barco)

Soltar el ancla.

ÉL

Él es todo para fuera,
todo babas, rabia, alegría,
golpes, danzas.
Vive, no sabe más que vivir, y eso a veces da miedo.
Él no sueña. Él mira. Él sabe. Él es.
Y yo le observo, y me encela su vaciarse y llenarse tan natural.
Me enseña, cada día, cada hora, cada minuto,
que no hay rencor, ni mal que dure cien años,
que su nombre es su seña, porque Diego llegó.
Con su huella amarilla, sus ojos descalzos,
muestra que hay que elegir la vida, siempre
la vida.

ENTERO

Lo observo en la cama,
ya ocupa todo el horizonte.
Es tan perfecto bajo mi mirada
que me la devuelve receloso,
como advirtiéndome:
Mamá, estoy en construcción.
Pero este amor traspasa el destino.
En mí solo veo un ser entero,
y reconozco que el corazón se mueve
como la cola de un perro que encuentra a su amo.

MATRIZ

A mi hijo le gusta dibujarme en Minecraft
cuadraditos que diluyen mis límites.
Juega
a deshacerme.

Vuelvo a la niña,
a esa casa de muñecas
objeto de mi femineidad
y ese 13, Rue del Percebe,
arcano de mi cuerpo escindido.

El esbozo adolescente era una lengua cortada
un estómago nariz
un ramito de violetas
y la mecedora de una vulva enterrada.

El boceto de mujer fue Troya
colar el caballo
romper con Dios
y nombrarse nadie.

Borrar para ser, al fin,
como la goma Milán color teja
que siempre deja huella,
de que algo estaba escrito.

A mi hijo le gusta difuminar mi rostro
me quita la cara de neura

y dibuja
hasta que aparezco entre tonos, matices, pigmentos.

Mamá, esta eres tú, ¿te gusta?
Confieso que sí.

Agradecimientos

Doy las gracias al grupo poético Delmira, por su sostén imperfecto, por su amor sin condición. A mis padres y a mis hermanas, y a toda mi familia que me impulsa y me libera de toda carga pasada. A Minuka por su acompañamiento en la imagen y en los intersticios de la maternidad y la creación. A mis maestras, por todo lo que legan en confianza. Gracias al talón de aquiles, esa debilidad siempre muestra la fuerza. Y a mis hijos, que son también mis maestros, sin ellos este camino sería menos consciente, menos verdad.

ÍNDICE